青鸟童书

少年通识学院

和哲学做朋友

赵华 周晓英 著

蓝山 绘

北京理工大学出版社
BEIJING INSTITUTE OF TECHNOLOGY PRESS

版权专有　侵权必究

图书在版编目（CIP）数据

和哲学做朋友 / 赵华，周晓英著；蓝山绘 . -- 北京：北京理工大学出版社，2023.12
（少年通识学院）
ISBN 978-7-5763-3093-9

Ⅰ. ①和… Ⅱ. ①赵… ②周… ③蓝… Ⅲ. ①哲学—少年读物 Ⅳ. ① B-49

中国国家版本馆 CIP 数据核字 (2023) 第 213773 号

责任编辑：王梦春	**文案编辑：**邓　洁
责任校对：刘亚男	**责任印制：**施胜娟

出版发行	/ 北京理工大学出版社有限责任公司
社　　址	/ 北京市丰台区四合庄路 6 号
邮　　编	/ 100070
电　　话	/ （010）68944451（大众售后服务热线）
	（010）68912824（大众售后服务热线）
网　　址	/ http://www.bitpress.com.cn

版 印 次	/ 2023 年 12 月第 1 版第 1 次印刷
印　　刷	/ 三河市金元印装有限公司
开　　本	/ 880 mm × 1230 mm　1/16
印　　张	/ 13
字　　数	/ 124 千字
定　　价	/ 199.00 元（全 4 册）

图书出现印装质量问题，请拨打售后服务热线，负责调换

引 言

相传，在这个世界的某个角落，隐藏着一所神秘的学院——少年通识学院。那是一个大师云集的地方，所有到达那里的人，都可以在学院里通过某种特殊的方式，与古今中外的大师无障碍交流。但是，鲜有人能够找到那里，只有被选中的人，才有机会前往。

爱思考的小白、学霸冬冬、顽皮的夏夏、爱美的曼曼，就是众多学生中被选中的幸运生。

今天，是他们来到这所神奇的学院学习的第500天。这会儿工夫，他们的引导人——一个黄色的小短腿机器人魁小星，兴高采烈地出现在了他们面前。

它的前来，带给他们的是更为振奋人心的消息：少年通识学院即将增设四大课程啦！

也就是说，他们在这里又可以学到更多的知识，和更多的大师对话啦！而所要增设的四大课程是什么呢？

分别是科学、经济学、哲学和美学。

好了，咱们快跟随几位少年一起，去看看少年通识学院里的这些课程吧。

准备好，他们的课程要开始喽！

人物介绍

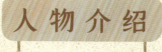

魁小星：少年通识学院的智能机器人,课堂引导人,拥有神奇的大师召唤术。

夏夏：学院里的捣蛋鬼,受家庭影响,经济学是他学得比较好的学科。

曼曼：爱美的漂亮女生,热爱美学,性格乖巧,乐于助人。

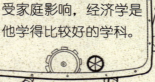

小白：可爱的微胖女生,爱思考,爱哲学,爱打抱不平。

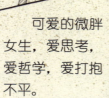

牧牧：学霸,酷爱一切高科技,偶像是普朗克、爱因斯坦等伟大的科学家。

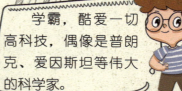

开课典礼

  同学们好,本学期的哲学课开课啦!哲学是研究自然界、社会和人类思维的一般规律的学说,是人们在长期的社会实践过程中产生的。哲学一词最早出自希腊,原意是"爱智慧"。我们每一个人在生命的任何一个阶段遇到了问题,都可以尝试在哲学中找到答案。

  爱因斯坦曾说:"哲学可以被认为是全部科学研究之母。"

  可见哲学有多重要,它可以让人们拥有开阔的眼光、聪慧的头脑和智慧的生活态度。

  在本学期的哲学课中,学院特别为大家邀请了一些伟大的哲学家来授课,譬如苏格拉底、亚里士多德、马克思等。希望同学们可以在学院里学习到相关的哲学知识,独立思考,唤醒自己的内在智慧。

哲学课程表

你好，世界！/ 001

德谟克利特的蔬菜切切乐 / 009

快来认识奇妙的自己 / 017　　大脑里的小人儿 / 058

神庙前的小河流 / 026　　一堂惊心动魄的哲学课 / 068

前进吧，少年！/ 034　　师徒间的较量 / 078

一颗钉子的故事 / 042　　跟着庄周游梦境 / 086

放开那株小禾苗 / 050　　小白的蛋糕 / 096

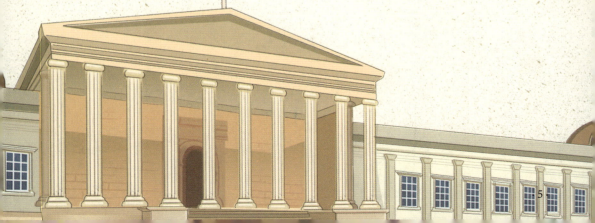

哲学课程表

石头的两面性 / 105

夏夏的倒霉定律 / 113

愤怒的小羊 / 122

老子的神奇预言 / 131

曼曼的胜负欲 / 140

每个人身上都有太阳 / 148

风筝的自由 / 156

小小"超人"养成记 / 164

北风与太阳 / 171

我不要当小奴隶 / 179

点亮幸福的小神灯 / 187

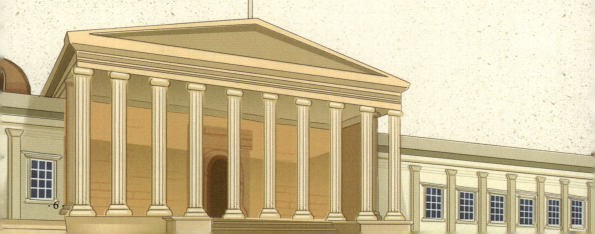

你好，世界！

今天是哲学课开课的第一天，小白同学抱着一盆花走进教室，在看见夏夏、冬冬和曼曼三个小伙伴后，她迫不及待地向他们展示自己假期里的研究成果。

"你们快看！这盆我亲自栽种和养护的郁金香开始发芽了！"小白自豪地说。

"它长得好像蒜苗哦！"曼曼笑道。

"蒜苗才没这么胖！你们知道吗？这二十天里，我每天都在观察它。悄悄告诉你们，我通过种花发现了一个秘密。"小白神秘兮兮地说。

"什么秘密？"曼曼、夏夏、冬冬一起问道。

"这个秘密就是——世界是由水构成的！"小白的脸上满是得意。

三个小伙伴听了小白的话后面面相觑。

"小白，人类要想不断地进步，像你这样的想象力是不可或缺的！我很欣赏你能得出这般大胆的结论！"夏夏双手拍着小白的肩膀，闭上眼睛笑着说。

一旁的曼曼白了一眼他俩，没好气地说："你俩一个逗一个捧，是在说相声吗？"

小白连忙开始解释："先听我说，我播种后，一连几天土壤中都没啥反应，直到我浇了些水后，郁金香才发了芽，看来是水让种子产生了神奇的变化。"

"所以……你仅仅是通过这件事发现了'世界是由水构成的'这个秘密？"冬冬问道。

"没错！你们看，不仅是郁金香，就连我们吃的粮食，甚至是地球上生命的起源都与水息息相关，要知道，在几十亿年前，地球上最早出现的生物也是在水里诞生的……"

"生命虽然起源于水，但并不等于整个世界是由水构成的，你这个逻辑关系并不对。"冬冬反驳道。

"小白，我猜测，你是想像那些大哲学家们一样搞出一套高深莫测的理论，不过，你好像在照猫画虎呢。"夏夏笑着说。

"哎呀，你们几个别争了，关于这个问题，我们还是问问魁小星吧！"曼曼迫不及待地说。

这时，仿佛听到了召唤一般，魁小星嗖地出现了，它看着大家说："亲爱的同学们，关于'世界是由什么构成的'这一问题，我想我解释不清，还是请著名的近代哲学家——马克思先生为你们解答吧。"

知识小拓展
大师谈世界起源

泰勒斯
古希腊思想家、科学家、哲学家。

赫拉克利特
古希腊哲学家、爱菲斯学派创始人。

恩培多克勒
古希腊思想家、政治家。

卡尔·马克思
马克思主义创始人之一,德国著名的思想家、哲学家、经济学家和社会学家。

德谟克利特的蔬菜切切乐

下课铃声响起，曼曼、夏夏和冬冬收拾好书包准备一起去小白家做作业，可小白迟迟没有收拾东西，坐在座位上一脸严肃。

"嘿，怎么还在发呆，不是说好一起回家吗？"冬冬推了推小白。

"啊，我都忘了。你们先看看这个……"小白把桌上一堆花花绿绿的东西推给大家看。

"青椒、番茄、胡萝卜？"曼曼从桌上捡起一个青椒，用力一掰，青椒从中间被掰成两段，中间还有一块金属的小磁片。她看着一桌子的"假蔬菜"，疑惑道："这是要做什么？过家家？"

"我就说你笨吧，"夏夏笑着说，"这是蔬菜切切乐呀，我小时候玩过。"

"一种益智类玩具，刚会走路的小宝宝玩的，"冬冬补充道，同时疑惑地问，"你还玩这个？"

"我当然不玩，"小白解释说，"这是我用攒下来的零花钱给我小表妹买的礼物，你们说胡萝卜切到最小后是什么呢？"小白用塑料刀切开一根胡萝卜问道。

"不就是……半根胡萝卜？"夏夏捡起一块胡萝卜回答。

"我的意思是，"小白挠着头说，"一直切胡萝卜，把胡萝卜切到最小，无限切下去，最后会得到什么呢？还有，青椒、茄子切到最后又是什么呢？"

"你是想问……"冬冬思考了一下说，"胡萝卜是由什么组成的，或者说，你想知道构成物质的最小单位是什么?"

"对,对……"

"亲爱的同学们,"还未等其他人说话,魁小星突然出现,"我来啦。"

"魁小星,你来得正好!"四个孩子齐声说道。

"你们触发了一个关键词——无限,我就这样被召唤出来了!想知道蔬菜切到最小是什么吗?那么,我们就有请今天的老师——古希腊原子论哲学家德谟克利特为大家解答吧。"

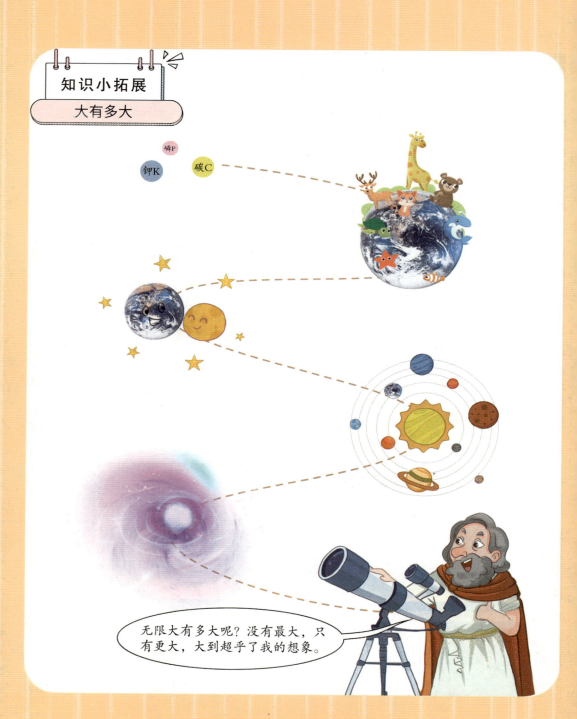

快来认识奇妙的自己

学校里,冬冬、夏夏、曼曼、小白四个小伙伴正说说笑笑地一起走向教学楼。突然,小白拦住夏夏,神秘地说道:"我有几个问题要问你,你不一定能回答上来。"

"哟,你还有我回答不上来的问题?你倒是问问看。"夏夏来了兴趣,期待地看着小白。

"咳咳,请听题,"小白清了清嗓子,"请问你是谁?"

"啥?"夏夏满头问号,"这就是你的问题?我是谁你不知道吗?"

"哎呀,你认真回答!"小白不满夏夏的敷衍,严肃地重复了一遍问题。

"好吧,好吧,我是夏夏"。

"你从哪里来?"

"呃……家里来。"

"你要到哪里去?"

"小白!你这是在逗我玩呢?"夏夏有点儿生气。

"嘻嘻……这可不是普通的问题,这是著名的哲学三问!"看着气呼呼的夏夏,小白一边笑一边解释。

"什么哲学三问?这是无聊三问吧!"夏夏翻了个白眼。

"你这就不懂了吧?冬冬,你来给他科普一下!"小白转向冬冬。

"哲学三问呢，最早是古希腊哲学家苏格拉底先生提出来的，是关于人类自身探索的终极问题。"冬冬张口就来。

"搞清楚这三个问题有什么意义吗？认识自己后对生活又有什么帮助呢？"夏夏问道。

"哪有这么容易搞清楚，从苏格拉底先生提出到现在，都还在探索和认知的过程中呢！"冬冬补充道。

此时，魁小星正从教学楼里出来，看到几位同学，笑眯眯地说："又见面啦，我亲爱的同学们！我听见你们在谈论著名哲学家——苏格拉底先生呀。让我来为你们引荐一下，让他来告诉你们认识自我与世界的关系吧。"说完，它双手一挥，面前出现了一圈光晕。接着，它带着一众学生踏进光晕，来到了一个古希腊风格的建筑里。

知识小拓展
两位文学大师的自我认知

你看不见你自己,你所看见的只是你的影子。

泰戈尔
印度著名诗人、哲学家。

我比自己想象的还要巨大、美好,我从没想到我会有这么多的美好品质。

惠特曼
美国著名诗人、人文主义者。

我就是我,不一样的烟火!哈哈,我来客串一下!

走开!

神庙前的小河流

这天,天气晴朗,小白、夏夏、冬冬、曼曼相约在夏夏家里集合,他们准备一起去郊外观察小蝌蚪,完成老师上周布置的作业——"小蝌蚪变青蛙"的成长日记。

四个小伙伴乘着夏夏爸爸开的吉普车来到了郊外的小溪边,上周他们已经来过一次了。

一周不见,这里的小蝌蚪们有了很大的变化。

夏夏指着一只没有尾巴的"蝌蚪",大声惊呼道:"哎呀!你们看啊,看这只。它的四肢全长出来了呀,眼睛变大了,尾巴也消失了,此时的它还是蝌蚪吗?"

"对呀,它还是蝌蚪吗?"小白和曼曼也疑惑地问道。

冬冬嘿嘿一笑,看着他们,忍不住发言:"根据我近日阅读的《生物大百科》所知,最初它是蝌蚪,但此时它的形态发生了变化,就成了青蛙。"

小白听后不禁感慨:"所以说,当小蝌蚪变成了青蛙以后,就不是原来的它了呀!"

曼曼对他们的说法有些疑惑,皱着眉头问道:"它不还是它吗?只是长相变了而已呀!"

"这点我不同意,"夏夏说道,"青蛙和蝌蚪明明就不是一回事。"

"它只是外在发生了一些变化而已呀,"冬冬反驳道,"好比一年级的你和现在的你,难道一年级时的你是你,现在的你就不是你了吗?"

"冬冬你真是爱抬杠,如果现在的你像青蛙一样长了四条腿,那我敢肯定你已经不是冬冬了。"夏夏的观点与冬冬针锋相对,毫不示弱。

"大家别吵,我们还是请魁小星来帮忙解答这个难题吧。"曼曼赶紧阻止新一轮的争论。

夏夏和冬冬谁也不服谁,在小白和曼曼的劝阻下,最终还是决定找魁小星评理。

于是,几个孩子开始呼唤起了魁小星。

不一会儿,魁小星凌空出现了:"亲爱的同学们,听到你们的召唤啦!你们刚才的争论我听到了,我为大家请古希腊著名哲学家——赫拉克利特先生来解答吧。"

知识小拓展
大师辩论场

兵无常势,水无常形。我认同老赫。

老巴,我还是那句话,世界万物都是在变化的!

孙武
中国春秋时期军事家,著有《孙子兵法》。

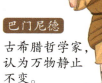

得了吧,就算你再说一万次,也改变不了我的想法,世界万物都是不变的。

我的老师永远都是正确的!

巴门尼德
古希腊哲学家,认为万物静止不变。

芝诺
古希腊数学家、哲学家,是著名哲学家巴门尼德的学生和朋友。

如果不变,你们是怎么长大的呢?如果不变,你们怎么汲取知识、研究学问的呢?

小朋友们,你们更认同哪一个观点呢?

前进吧,少年!

一场大雨不期而至,孩子们在雨棚下等待回家的校车。

"咦,快看,这是什么?"好奇的曼曼指着屋檐下一个个溅着水花的小坑不解地问道。

"什么虫子的坑呗,"夏夏探头看了一眼,伸出双手凑到曼曼耳边说,"说不定有什么异世界的虫子,马上钻出来,钻到你身上,哇呜!"

曼曼被夏夏吓得后退一步:"你真无聊!"

"才不是什么虫坑,你们看,屋檐上落下来的雨水准确地落入了这些坑里面呢。"冬冬认真地分析道。

"你的意思是雨水把这些小坑砸出来的?"小白伸手探了一下石板上水坑的深度后说道。

曼曼也俯下身去端详,补充道:"这些坑排列得很整齐呢。"

"被雨水砸出来,也不是没有可能。"冬冬一边思索一边回答。

夏夏也伸出手,用手背接住了一些向下坠落的雨滴,感受着雨水滴落在手背上的感觉,说:"这个力量很小呀,石头这么硬,怎么可能会被雨水砸出这样的小坑呢?"

"对了,我们学校建校多少年了?"冬冬突然发问。

"我们学校前段时间不是举办了百年校庆吗?"曼曼回答道。

"所以……"冬冬突然肯定地宣布,"那就对了,我可以肯定,这些坑就是被雨滴砸出来的!"

"我明白了,"小白恍然大悟道,"冬冬,你的意思是时间久了,雨滴就把石板砸出了小坑!"

"对,你们看,那边的石板明显是后来换过的,所以坑浅了很多,"冬冬进一步解释道,"但我们面前的这些,坑是最深的,石板没有换过,雨滴的时间更久一些。"

"所以是时间让雨滴的力量变大了吗?"小白疑惑地摸了摸脑袋。

"雨滴……时间……小小的力量……却有了很大的变化……"冬冬皱着眉头思考道,"这是为什么呢?"

"同学们不要愁眉不展啦!"魁小星突然出现在空中,"有问题当然要找魁小星呀!"

"魁小星,快点儿告诉我们啊!"同学们惊喜地看着魁小星,央求答案。

"我当然是要请出更好的老师来为你们解答这个疑问啦!"魁小星笑嘻嘻道,"走吧,我带你们去见19世纪著名的哲学家——黑格尔先生,请他来给你们解释'水滴石穿'背后蕴含的哲学原理吧!"

知识小拓展
大师名言

"不积跬步,无以至千里;不积小流,无以成江海。"

荀子

中国古代思想家、哲学家,儒家学派代表人物。

"千丈之堤,以蝼蚁之穴溃;百尺之室,以突隙之烟焚。"

韩非子

中国古代思想家、哲学家,法家学派代表人物。

"勿以恶小而为之,勿以善小而不为。"

刘备

字玄德,三国时期蜀汉开国皇帝、政治家。

一颗钉子的故事

天气晴朗,学校里正在举行一场百米接力赛,同一小组的冬冬、夏夏、曼曼和小白聚在一起进行热身。

"怎么办,我有一点儿紧张。"曼曼反复整理自己的衣角,局促地说道。

"别怕啊,按我们平时训练那样跑就可以了。"冬冬贴心地拍了拍曼曼的肩膀。

"小问题,有我旋风夏夏出马,第一铁定是我们组的!"夏夏一边压腿热身,一边信誓旦旦地说。

"夏夏,你的鞋带怎么系得像蝴蝶一样呀?"小白指着夏夏的鞋带说道。

"嘿嘿,这是我新学的系法,寓意展翅高飞,让我勇夺第一。"夏夏得意地比了一个手势。

"可这样鞋带太长了,容易绊倒。"曼曼担心地提醒。

"不会的,我今天早晨试跑过了,一点儿问题都没有。"夏夏挥挥手说。

不一会儿,操场的跑道上,同学们摩拳擦掌,准备就绪。随着指令枪"砰"的一声,百米接力赛正式开始——

第一棒:曼曼奋力奔跑,排位第二;第二棒:小白努力赶超,和第一名基本持平;第三棒:冬冬跑得满脸通红,终于冲到了第一;第四棒:夏夏像一只离弦的箭冲了出去,把其他同学甩得远远的……

众人欢呼着、助威着,眼看夏夏离前方的终点越来越近了,突然,他整个人往前一摔——原来，他踩到了散开的鞋带，把自己绊倒了。

"啊！"同学们大声惊呼。

"夏夏……"

医务室里，夏夏抱头啜泣着。

"夏夏，别难过了。"曼曼拍着夏夏的肩膀安慰道，"虽然没有拿到奖牌，但你还是我们心中的冠军。"

"是的，这真是一个小意外，还好你只是扭到了脚。"冬冬也劝慰夏夏。

"这可不是什么意外！"小白气呼呼地指出，"你是被鞋带绊倒的，谁让你在这个小细节上粗心大意！"

"是我的疏忽……"夏夏哭丧着脸说。

"哼，这就跟'一颗钉子亡了一个帝国'差不多！"小白愤愤地说。

"啥意思？"曼曼不解地问。

"这是一句西方谚语，因为丢了一颗铁钉，坏了一只马蹄铁，然后折了一匹战马，最后输了一场战争，亡了一个帝国……你简直是在重演这颗钉子的故事！"

"小白，别说了，夏夏已经很难过了。"曼曼拉住小白，做了个嘘声的手势。

这时，魁小星突然出现了，它看了看大伙儿，说道："亲爱的同学们，我们要包容小伙伴不小心犯的错误哦！现在，让我带你们一起去拜访著名的诸葛亮先生，请他为我们讲一讲为什么要重视关键细节！"

"这可太好了！"四个少年又高兴起来。

知识小拓展
钉子和国王的故事

英国国王理查三世面临一场关乎国家存亡的战役,他催促军队备好刀剑、盾牌和马匹,准备迎战。

陛下,铁匠正在给您的战马上马蹄铁,已经钉好了三只马掌,还差一只!

理查三世怒气冲冲地跑到马厩(jiù),铁匠正在给最后一只马掌钉钉子。

陛下,请您等一下,还差一颗钉子。

不钉了,赶紧出发了!

上战场后,理查三世骑的马跑掉了马掌,因此折了腿。

理查三世因此摔倒在地,被敌军俘获,他追悔莫及。

万万没想到,我居然因为一颗钉子,失去了整个王国。

放开那株小禾苗

今天,学校的农场里例行对水稻的种植情况进行评比,各个班级的学生都在自己的班级农田前翘首以盼,等着老师来视察自己的农田,并为自己的农作物种植情况打分。

小白、夏夏、冬冬、曼曼也在自己的稻田前紧张地等待着。

"你们觉得我们今年能拿第一名吗?"小白轻声问道。

曼曼左右张望了一下,小声说:"我刚才经过秋秋他们的农田,发现他们的禾苗长得挺壮实呢。"

"别担心啦!"夏夏仰头一笑,神秘兮兮地说,"我早有准备,你们且等着吧,我们的禾苗一定是最……"

"老师们好!"说话间,负责评审禾苗生长情况的老师们走了过来,四位同学乖巧地向老师们问好。

老师们微笑着点了点头,开始测量禾苗的高度、叶幅,随着老师们测量的尺子横拉过去,突然,几株禾苗轻飘飘地倒了下去……

"怎么回事?"测量的老师停下来,伸手去扶禾苗,轻轻一带,禾苗却被顺带提了起来。老师们纷纷弯下腰检查,发现其他禾苗也都被拉出了一半,浅浅地插在水田表面。

"谁能解释一下,这是怎么回事?"一位评审老师发话。

"我们不知道啊！"冬冬、曼曼和小白面面相觑。

"是我……"夏夏满脸通红，小声说道，"老师，是我把禾苗拔出来了一点点……"

老师手指着禾苗，哭笑不得地说："你这是揠苗助长啊，禾苗被拉出来这么多，还能活下去吗？"

"不能了吗？"夏夏皱起了眉头。

小伙伴们望着他，叹了口气："你觉得呢？"

夏夏羞愧地深深低下了头。

"我们不能为了赢得比赛而去揠苗助长。"老师语重心长地说，然后拍了拍夏夏的肩膀，"你们要思考一下，赢得今天的比赛和禾苗的健康，哪一个更重要。先把禾苗种回去吧……"

四个学生顿时窘迫，埋头不语。

老师们离开后，魁小星来了，它安慰起了夏夏他们四个孩子："别沮丧啦，今天我们一起到明代著名哲学家王守仁先生的农田里上课，看看他是怎么让水稻长得又快又好的。"

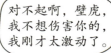

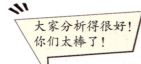

知识小拓展
庖丁解牛的故事

战国时期，有位姓丁的厨师，宰牛技术非常娴熟。他为梁惠王宰牛时，很快就把牛的肉和骨头分解开来。梁惠王看后对他赞叹不已，问他是如何做到的。他回答梁惠王，除了因为熟练，最主要是因为自己十分了解牛的骨骼结构。

太厉害了，你是如何做到的？

我对牛的身体构造非常熟悉，能轻易地将牛宰割而不伤刀刃。所以我的刀用了十九年，依旧如新。

大脑里的小人儿

"冬冬,冬冬,等等我。"夏夏气喘吁吁地边喊边跑。可是走在前面的冬冬好似没听到一样,丝毫没有停下来的意思。

冬冬突然在学校的台阶前停了下来。

夏夏赶紧追上去:"哎呀,总算停下来了,跑八百米都没有追你累。"

冬冬回过神,看到满头大汗的夏夏,不好意思地说:"我正在想如何利用身边的不可回收垃圾完成美学老师布置的作业,没有听到你喊我。"

"这不是手到擒来吗?"夏夏瞪大眼睛望着冬冬。

"你是有信心能完成这次作业,但是我就不擅长了。"

"学霸,还有你不擅长的东西?"曼曼边说边和小白一起走了过来。

"我因为这次美学课作业,想得头都大了,最近都睡不好觉。"冬冬边说边低下了头。

"你是为作业发愁,我是为不知道怎么解决妈妈给我布置的大扫除任务发愁。"小白叹了口气,"谁说少年不知愁滋味啊。"

"打扫卫生有什么可发愁的?"夏夏不以为意地说。

"我可是要打扫整个屋子呢!"小白的嗓音由高昂变得低沉,"家里那么多东西要清洁整理,我都不知道该从哪里下手。"

"大家是遇到什么难题了吗?"魁小星笑眯眯地出现在大家面前。

"难道你能帮我们解决？"大家像是抓到救命稻草一般，两眼发光地看着魁小星。

魁小星被大家盯得不知所措，赶忙解释："虽然我不能帮助大家解决难题，但是我今天请来的这位老师，他可以为同学们指点迷津。"

魁小星像是教导主任一样，继续对大家说："遇到问题不要急，更不要依赖别人的帮助，要……"

大家听到今天的老师可以为他们指点迷津，兴奋起来，立刻架起魁小星向教室跑去。

魁小星晕乎乎地站在讲台上说："你们这是请人之道吗？把我晃晕了，谁来给你们召唤上课的老师呀？"

说完，魁小星挥动着手，教室里立刻出现了一个立方体，立方体的后面站着一名身着长袍的男子。男子手里拿着一个魔方，微微扬起嘴角，和蔼可亲地朝同学们笑着。紧接着，他们一起进入了一个神奇的空间。

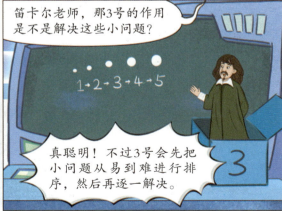

知识小拓展
那些爱思考的名家

托马斯·胡德
以幽默诗作而闻名的英国诗人。

（一分钟的思考抵得过一小时的唠叨。）

普朗克
20世纪最伟大的物理学家之一、量子力学的重要创始人之一。

（思考可以构成一座桥,让我们通向彼岸的新知识。）

韩愈
字退之,世称"韩昌黎""昌黎先生",中国古代文学家、思想家、哲学家、政治家、教育家。

（业精于勤,荒于嬉;行成于思,毁于随。）

布莱士·帕斯卡
法国著名数学家、物理学家、哲学家、散文家。

（人只不过是一根芦苇,是自然界里最脆弱的东西,但他是一根会思考的芦苇。）

一堂惊心动魄的哲学课

周末，冬冬、曼曼、小白、夏夏和其他几个同学一起相约踏春游玩。

几个小伙伴来到一汪清澈见底的湖水旁边，夏夏激动地往清澈的湖水中扔了一颗小石子，小石子迅速在水面跳了几下后沉入了湖底，惊得游鱼飞速游荡开去。

"环境真好呀，湖水这么清澈。"曼曼不禁感慨道。

"你看到我刚才打的水漂了吗？我是不是打得特别好？"夏夏拉住曼曼得意地说。

"我也可以，看我的！"小白也不甘示弱地捡起一块小石头，扔了起来。

曼曼没有理他们俩，她看了看身边一言不发的冬冬，忍不住问道："冬冬，你又在研究啥？"

冬冬将手伸进湖面，捧出一些湖水，仔细地观察了一下，水流顺着冬冬的手掌又迅速滑进了湖里。

"曼曼，你说水是什么颜色的？"

"蓝色的呀，你看，蓝色的湖泊。"曼曼也伸手搅动了一下湖水，回答道。

"水才不是蓝色的！"夏夏一边发表自己的看法，一边往冬冬和曼曼站的位置前的水面上扔了一块小石头。

"夏夏！"曼曼气恼地扭头，"那你说水是什么颜色？"

"水应该是透明的吧？"夏夏难以确定地说。

"你看这湖水，不就是明显的浅蓝色吗？"曼曼认真起来。

"你看，我捧起来的水就不是蓝色的呀！"夏夏狡黠（xiá）地一笑，又说，"你说水是蓝色的，那其他颜色的水就不是水了吗？"

夏夏又继续追问："添加了其他色素的水是不是水呢？"

"我听出来了，你这是在诡辩。"小白为曼曼打抱不平。

"可不是嘛！夏夏最会欺负人！"曼曼说道。

"好啦，提问是为了解答和探讨，不是为了让你们吵架的，不如我们请魁小星来回答水是什么颜色的吧。"冬冬拍了拍夏夏和曼曼的肩膀打圆场说。

瞬间，魁小星凌空出现："亲爱的同学们，我是你们的老朋友魁小星，生活中应当勇于发现问题、解决问题，让我们有请特别会提出问题、解决问题的著名哲学家——苏格拉底先生，为我们上这一节哲学课吧。"

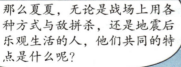

课后，操场上，四个少年在一起讨论哪些因素会影响跑步的速度。

图书馆里，四个小伙伴一起讨论读书的速度和阅读能力有什么关系。

团结合作的哲学小团队在"勇于提问"的作业中获得第一名。

知识小拓展
苏格拉底与孔子的提问法

苏格拉底的反诘（jié）法：
  以老师为中心，不回答，只提问，步步紧逼，直到被提问者认识到自己的矛盾或找到正确答案。

孔子的循循善诱法：
  以学生为中心，抛出问题，启发诱导，尊重每一个学生的特点。循序渐进，让学生一天天进步和完善。

师徒间的较量

教室里,夏夏、冬冬、曼曼和小白四个小伙伴正在温习之前哲学课的内容。

"不知不觉间,我们已经做了这么多学习笔记了呢。"小白一边整理笔记,一边说道。

"是呀,"夏夏点点头,然后凑到埋头复习的冬冬面前,嘿嘿笑道,"冬冬,前面我们学习的哲学观点里,你有没有发现个别观点有些问题?"

"你正经一点儿吧,"冬冬翻了一个白眼说道,"哲学成绩名列第二的夏夏同学——当然,倒数第二。"

"哼,上一节课老师不是说了吗?我们要知道真理,就要在生活中多使用'精神助产术',我的提问是在帮助你进步!"

"哦?那你有什么高见呢?"冬冬合上书认真地问夏夏。

"在'小禾苗'的那堂课上,阳明先生是不是说'要遵守客观规律'?"夏夏昂头发问。

"是的呀。"曼曼、小白纷纷点头回应。

"可是他没有说客观规律会不会变化呢?就像水稻原来必须生长在水田里,现在可以无土栽培了呀!"

"所以呢?"曼曼、小白一脸疑惑地问道。

"所以——"夏夏故意拉长语调说,"'揠苗助长'放到今天,会不会对新的客观规律来说就不那么重要了呢?"

"那你的意思是阳明先生说得不完全正确啦?"冬冬反问道。

"我……我是有点儿这个意思……"夏夏语气不确定地回答道。

"那你怎么不在阳明先生上课的时候提出来呢?"冬冬指出。

"课都结束这么久了你才这么说,我看你就是在胡扯。"曼曼愤愤地质疑道。

"我是在课后反复思考,才觉得有点儿不对劲!"夏夏又急眼道,"难道就不能对老师讲的话有所疑问吗?"

"你考倒数第二,还敢对老师的话提出质疑?"曼曼哈哈大笑起来。

"你你你……"夏夏气得语气颤抖。

"是啊,老师就一定都对吗?"小白也思索起来。

突然,魁小星出现了,他笑着来到他们面前说道:"亲爱的同学们,我听到了非常精彩的一个论点'老师是不是一定是正确的呢?',我还是请古希腊著名哲学家——亚里士多德先生为你们讲讲他的看法吧。"

魁小星挥动手臂,瞬间光芒四射,缓缓出现一个新的空间,身穿斜肩长袍的亚里士多德出现了,他正在阅读羊皮卷上的文章……

知识小拓展
追求真理的布鲁诺

地球是宇宙的中心，太阳、金星、水星和木星，都围着地球转。

虽然我很崇敬托勒密先师，但我怎么觉得包括地球在内的行星都围着太阳转呢。

哥白尼

波兰天文学家、数学家，"日心说"的提出者。

托勒密

希腊数学家、天文学家、地理学家，"地心说"的提出者。

我捍卫我老师哥白尼的观点，地球和其他几大行星都围着太阳转才是真理。

你胡说，我们不信！

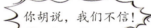

布鲁诺

文艺复兴时期意大利思想家、自然科学家、哲学家和文学家。

纵使众多人反对，布鲁诺仍然坚信老师的观点是正确的，并坚定捍卫。布鲁诺的这种精神值得我们学习！

跟着庄周游梦境

阳光灿烂,蝉鸣不止。学校里,夏夏、冬冬、小白、曼曼四个小伙伴在休息室午休,天气酷热,他们陷入沉沉的睡梦中,直到——

"丁零零……"闹钟声音突兀地响起来。

"啊!"冬冬从床上坐起来,看了一眼手表,惊呼道,"要迟到了,快起来呀!"说话间,他已经起床收拾了起来。

"唔……"曼曼揉了揉眼睛,也赶紧坐了起来。

另一边的夏夏也打着哈欠起来了:"夏日炎炎正好眠,可不可以不上课呀?好困啊!"

"还没有睡醒呢?夏夏你赶紧吧!"曼曼催促道。

三人仓促地收拾时,夏夏突然发现小白还躺在床上一动不动,他赶紧上前推了推她:"小白,要迟到了,快起来啦!"

"哎哟,小白,你为啥要打我呀?"夏夏护了下自己,避开了小白的拳头,并叫了起来——原来,小白睡眼惺忪地醒来,立起身子就鼓起肉肉的小拳头,朝夏夏挥了过去。

"哼,谁让你把我的蝴蝶标本弄坏了!"小白气呼呼地扭过头,眼泪汪汪地说道。

"什么蝴蝶标本,我什么时候见过这东西?"夏夏一脸蒙地问小白。

"你不是睡迷糊了吧？我们都没有见过你说的蝴蝶标本呀。"冬冬补了一句。

"咦？呃……对不起，夏夏。"小白顿时回过神来，脸涨得通红，连忙道歉，"我是刚才在梦里看见你砸坏了我的蝴蝶标本。"

"啥？你做梦，我也要跟着挨打吗？"夏夏撇嘴说。

"确实是我没分清梦境和现实，对不起啦。"小白拉住夏夏的袖子道歉。

"哈哈，这可真冤枉。"曼曼捂嘴笑道。

"都怪这个梦太真实了，我看到标本被毁坏，实在太生气了，一时间没有反应过来。"小白再次解释。

"梦境和现实是两个世界吗？哪个更真实呢？我们真的会将梦境认作是现实吗？"冬冬一边思索，一边自言自语道。

"想知道答案吗？"一道光闪过，魁小星突然随光闪现，插话道，"这是一个伟大的哲学问题哦！现在我带你们去寻找庄周先生，与他一起探索神奇的梦境吧。"

"太好了，我们快出发吧。"少年们异口同声地回应。

知识小拓展
罗含梦鸟

睡眠时，我们的大脑对我们记忆、潜意识里的现实事物的影像进行加工，而产生了一系列的心理活动——梦。梦，有时候还真能预示一些事情的发生。

东晋时，有一个叫罗含的人，他学习非常努力，每天苦读诗书、练习写作，但总感觉自己的文章欠一点儿火候。

有一天，院子里飞来一只羽毛五彩的鸟，罗含张着嘴惊讶地欣赏着这只鸟时，鸟却一下子飞进了他的嘴里。他顿时惊醒，发现自己其实是做了一个梦。

惊讶之余，罗含觉得自己文思泉涌，便赶紧拿出纸墨，奋笔疾书。

大家拜读了罗含的文章，都被其文采折服，纷纷称赞。

同学们，你们觉得，如果罗含没有每日勤加练笔，会有五彩鸟的美梦、会写出妙笔生花的文章吗？

小白的蛋糕

大清早,教室门口聚集了一堆人,叽叽喳喳地议论个不停。原来,门口的宣传栏上贴出了一张通知单,通知学生们,学校要开展一次分组厨艺大比拼活动,主要是为了锻炼孩子们自力更生的能力。

通知一出,班里瞬间炸开了锅,有人欢喜,有人忧。四人小组中曼曼、冬冬和夏夏三个人完全高兴不起来,因为他们平时压根儿没怎么进过厨房,连米饭都不会煮,就更别提有什么厨艺了!当然,小白也同样没进过厨房,不过她却一点儿也不担忧。

夏夏瞧见她一副无忧无虑的样子,有些不解,他戳了戳小白,问道:"小白,你会做饭?"

"不,我不会,我连米都没有淘洗过。"小白笑眯眯地回道。

"那你为什么不担心?"冬冬也有些疑惑。

小白信心满满地看了看夏夏和冬冬,摊摊手说:"有什么好担心的呢?我已经有主意了,这次厨艺比赛,我们组可以做蛋糕,搜一下蛋糕的制作过程,不就可以了吗?"

曼曼倒吸了一口气,感到有些不可思议,小白可是连米都没有淘洗过呀,却要做蛋糕?

不过小白没有受到他们的影响,不仅如此,她回家后立刻搜索了蛋糕的制作过程,并且认真地记录了下来。

第二天,大伙儿一起来到了学校里的比赛场地,有些同学当场露了一手,为大家做了美味佳肴。

而小白他们组的头顶上空仿佛笼罩了一大团乌云,夏夏看着小白带来的记录单,发愁地皱起了眉头:"油50克,白砂糖65克……"

曼曼也同样发愁,她担心地说:"我们怎么知道50克油有多少?我们肯定做不出来的嘛!"

冬冬也表示认同。

"做啊!我们只有去做,才知道50克到底有多少,才知道我们到底能不能把蛋糕做出来。"小白一本正经地说道。

她的话音刚落,魁小星就冒了出来,立刻对小白竖起了大拇指:"小白说得没错,只有做了,才知道答案。"

小白咧开嘴,嘻嘻一笑。

"请大家停一停,其实学校举办这次比赛活动,另一个重要的目的,就是想为大家上一堂课——实践,是认识的来源。"魁小星魔法棒一挥,"我们就有请马克思老师为大家来讲讲这堂课吧。"

知识小拓展
李时珍与曼陀罗花

我叫李时珍，年轻时，我听人说，有一种神奇的植物叫曼陀罗。但光听说，我怎么知道它到底有何作用呢？

李时珍
明代著名医药学家、博物学家。

于是，我费尽了周折，找到了这种植物。

我亲自服下了曼陀罗，发现它有麻醉和使人兴奋的作用，少量使用可以治病。

后来，曼陀罗便被广泛用于制造麻醉剂，也算是我为医学做的一点儿贡献吧。

石头的两面性

教室里，曼曼坐在座位上，正拿着一本书聚精会神地看。上课铃还没响，小白有些无聊，便打算去找曼曼聊会儿天。

谁料，她刚走到曼曼座位旁边，就看见曼曼眼眶通红，晶莹的泪花即将掉落而下。

"呀！怎么了？谁欺负你了吗？"小白惊讶地大叫了一声，把周围同学的目光都吸引了过来。

曼曼吸了吸鼻子，赶紧回道："没有没有，别大惊小怪的，声音小点儿，大家都往我这儿看了。"

"那你怎么了？好端端的哭什么？"小白放低声音，关切地问道。

"我刚才在看一本书，只是被里面的人物感动了而已。"

"什么书呀？"正说着，夏夏嬉皮笑脸地凑了过来。

冬冬也跟着围了过来，贴心地递给曼曼一张纸巾，示意她擦擦泪水。

曼曼接过纸巾，擦掉了眼泪，说："是讲贝多芬的。我刚才在书里看到他的一生，太感动了！"

"他怎么了？"夏夏好奇地问。

"他26岁在听觉完全丧失、身体状况恶化、生活贫困、精神上备受折磨的情况下，仍旧以巨人般的毅力坚持创作，给后人留下了许多珍贵的音乐作品。"

"天哪……"小白一脸的震惊,"我只知道贝多芬是著名的音乐家,没想到他还有这么坎坷的经历。"

"你们没想到的事情多着呢。"

上课铃刚一响,魁小星就闪进了教室,咧着一张机器大嘴笑眯眯地说道。跟在它身后的,是卡尔·马克思。

同学们纷纷回到座位上坐好,曼曼也收好了书本。

"刚才听到你们在说贝多芬的经历,这节课就由马克思老师顺着你们的话题给你们讲一讲关于困难的哲学道理吧。"

魁小星话音刚落,老熟人马克思就向同学们打起了招呼。

知识小拓展
名人眼中的困难

世界上没有绝对的困难，只有相对的困难。

爱因斯坦
著名科学家、物理学家。

最困难的事，就是认识自己。

泰勒斯
古希腊思想家、科学家、哲学家。

当困难来访时，有些人跟着一飞冲天，也有些人因此倒地不起。

列夫·托尔斯泰
俄国著名作家、政治思想家、哲学家。

最困难之时，就是离成功不远之日。

拿破仑
19世纪法国军事家、政治家。

夏夏的倒霉定律

学校里,夏夏背着书包灰头土脸、衣衫不整地往教室走,由于模样过于凄惨,吸引了一众同学的注意。

冬冬见状跑过去,将胳膊搭在夏夏的肩膀上,好心地问道:"夏夏,你怎么没精打采的?瞧你这副模样,是遭遇了什么?"

夏夏大叹了口气:"哎,别提了!我最近简直倒霉透了!"

"怎么了?"冬冬一脸好奇。

"我……我刚才被一群流浪狗追了一路,快跑到学校时才摆脱了它们,简直太吓人了!"

小白、曼曼和其他一些同学正巧听见了他们的谈话。小白一本正经地问:"你那么调皮,是不是招惹那些流浪狗了?"

"我才没有!我被它们追,已经不是第一次了……"

"啊?不是第一次了?"曼曼瞪大了眼睛诧异道。

"对,这已经是这个月的第三次了。第一次遇见它们时还没那么可怕,我只是逗了逗它们,它们看了我好几眼之后,才追上来的。"

"那后来的两次呢?你是不是每次都逗它们了?"小白追问。

"完全没有!我第二次路过时,因为害怕再被追,所以特别留意了它们,谁晓得我一看它们,它们就追了上来。"

"那这一次呢?"冬冬推了推鼻梁上的眼镜问。

"这一次就更没有了!我连看都没敢看它们,一走到那儿就开始跑,没想到还是被它们追了!"夏夏一边说,一边低下了头,满脸沮丧的神情。

曼曼同情地说道:"夏夏,你要不要这么惨……"

"你们说,它们是不是对我的敌意太大了!"夏夏突然爆发似的含着哭腔叫了一句,随后可怜兮兮地说,"下次我都不敢走那条路了……"

小白思考了片刻,说道:"我们还是召唤魁小星吧,看看它有没有什么解决办法。"

说完,几个少年一起召唤起了魁小星,在魁小星到来后,大伙儿将事情的来龙去脉告诉了它。

魁小星嘻嘻笑了一下,随后召唤出了一位穿着长袍的老师。

知识小拓展
那些著名的定律

我叫帕累托法则，也就是人们常说的二八定律。指的是在任何情况下，事物的主要结果只取决于一小部分因素。

二八定律告诉大家，要避免将时间和精力花费在不必要的琐事上，分清主次，合理分配自己的时间和精力，提高自己的效率哟。

我是马太效应。指的是一种强者愈强、弱者愈弱的现象。

温馨提示：马太效应告诉大家，一个人只要努力让自己变强，就会变得越来越强，反之亦然。所以，我们要不断完善自己，发挥和积累自己的优势，让自己努力成为更好的人。

愤怒的小羊

今天是学校出游的日子。一大早，同学们就兴奋地搭着校车，跟着魁小星兴高采烈地来到了郊外。

郊外空气清新，鲜花漫山遍野。同学们铺好餐垫，坐在草地上，一边分享着大伙儿带来的美食，一边呼吸着新鲜空气，欣赏美景。

曼曼一扭头，看见不远处一头小羊正在悠闲地吃着青草，她开心地指给大伙儿看。

众人循着她所指的方向看去，只见那头小羊浑身洁白的羊毛，在鲜花丛里，被映衬得格外好看。

正在这时，同学们看见几只蝴蝶调皮地在小羊面前飞舞，其中一只停在了小羊的鼻头上，这让小羊忍不住打了个喷嚏，它甩了甩头，想要赶走这几只蝴蝶。奈何这几只蝴蝶似乎是想和小羊玩耍，轮番停在小羊的鼻子、眼睛、耳朵上，这可让小羊烦躁了起来。它愤怒地蹦了起来，朝那几只蝴蝶撞去，左撞一下，右撞一下，但小羊根本撞不到它们，最后，小羊猛地一蹦，卡在了树枝上，不断地挣扎着，却怎么也下不来。

见此情景，同学们都惊声尖叫了起来。

夏夏一把抓住魁小星，摇晃着嚷道："魁小星！魁小星！你快去救救那只小羊呀！"

魁小星被他晃得快散架了，连忙说道："好了，好了，好了，我去！我现在就去！"

说完，它过去将小羊解救了下来，这时的小羊已经筋疲力尽了，它安静地趴在草地上一动不动。

魁小星回来后，远远地看着小羊，问大家："刚才大家都看到发生了什么吧？"

同学们纷纷点头，七嘴八舌地议论起来。

"刚才太危险了！"

"小羊的脾气也太大了！"

"那几只蝴蝶真讨厌！"

……

魁小星摆了摆手，示意大家安静，说："鉴于刚才发生的事情，我觉得有必要呼叫一位老师，为大家讲一讲关于'愤怒'的话题。"

话音刚落，魁小星就随手一挥，一道荧光瞬间闪过，一位身着古希腊服饰的男子威风凛凛地站在了大家的面前。

知识小拓展
塞涅卡论愤怒

我叫塞涅卡，出生于古罗马时期，我曾为四位皇帝效过力。

塞涅卡
古罗马政治家、哲学家、悲剧作家。

我和亚里士多德前辈的看法不同，我认为愤怒是所有情绪中最令人憎恶的、最狂暴的，我们应该完全压制住愤怒！

当然，每个人都会有不同的看法，不能说谁的就是一定对的。不过，关于愤怒，我想给出几个小建议。

1. 切勿轻信别人所言；
2. 每天检查自己的良心；
3. 善做反击发怒的自我反思。

老子的神奇预言

"《西游记》真是经典之作,我都看入迷了!"夏夏一边和同行的冬冬说起最近在读的书,一边向教学楼走去。

"是的,《西游记》真是神魔小说的巅峰!你看到哪一回了?"冬冬期待地问夏夏。

"第七回,'八卦炉中逃大圣,五行山下定心猿'。这一回的情节真是跌宕起伏,孙悟空被绑在降妖柱上,遭受各种责罚,但丝毫没能镇住他。太上老君将他关进炼丹炉里煅烧,不仅没把他烧成灰,反而让他因祸得福,炼就了火眼金睛,真是厉害!"夏夏说完,露出钦佩的神情。

"孙悟空虽然厉害,但不还是没逃出如来的手掌心,被压在五行山下,受惩戒吗?"不知何时,小白和曼曼跟了上来,曼曼不以为然地说。

"反正在我眼里,孙悟空就是比如来佛祖厉害!"夏夏哼了一声。

"好了,你俩别抬杠了,"小白赶紧打圆场说,"你们觉得,如果孙悟空一开始就在天庭好好地做他的弼马温,他还有机会去西天取经,成为斗战胜佛吗?"

"有,是金子到哪儿都能发光!孙悟空一身正义,本领也强,总有机会能修成正果的。"夏夏肯定地说。

冬冬思考片刻说:"不一定,孙悟空性格桀骜不驯,而且目无章法,很难得到重用。"

"冬冬,你到底是站在哪一队的?你还是不是孙悟空的头号粉丝了?"夏夏埋怨道。

"任何事物都具有矛盾性,孙悟空也算是个矛盾体,所以我们看待孙悟空要从多角度看,不能一味地只看到他好的一面,也不能只看到他不好的一面。"沉默良久的小白突然打破了二人的对话。

说话间,他们已经进了教室。

这时,魁小星移动着它的小短腿出现在教室门口:"未见其人,便闻其声。你们还没进入教室,我就听到你们谈论的声音了。"

冬冬一看到魁小星出现,就知道该上课了,他好奇地问道:"魁小星,今天的哲学课老师是谁呀?"

魁小星嘿嘿笑了笑,卖了个关子:"别着急,等下我把老师请出来,你们就知道是谁了!"

于是,同学们瞪大了眼睛,等着魁小星将老师召唤出来。

不一会儿,教室里飘来了一阵烟雾,在大伙儿期盼的目光中,一位老者徐徐出现。

知识小拓展
大师们的人生智慧

"祸不妄至，福不徒来。"

司马迁
字子长，西汉时期著名的史学家、文学家、思想家，世称"史迁""太史公""历史之父"。

"失之东隅，收之桑榆。"

范晔
南朝宋时期著名的史学家、文学家、官员。

"舍得舍得，有舍才能有得，小舍小得，大舍大得，难舍难得，不舍不得。"

孟子
中国古代思想家、哲学家、政治家、教育家，战国时期儒家思想代表人物之一，与孔子并称"孔孟"。

曼曼的胜负欲

学校运动会上,随着哨声响起,女子组跳绳比赛的选手们尽情地挥动着手中的绳子,上下跳跃着,曼曼也是跳绳比赛选手。赛场周围站满了为选手加油助威的学生,冬冬、夏夏和小白也在其中。

规定时间到了,曼曼差点儿累倒在地,冬冬和小白赶紧上前搀扶,夏夏也将准备好的水拿给曼曼。

"我是第一名吗?"稍微缓和过来的曼曼,第一时间就问小白。

"就差两个,不过这个成绩已经很好了。"小白鼓励地说,冬冬和夏夏也是使劲儿地点头表示肯定。

曼曼一听自己没有得冠军,顿时就像泄了气的皮球,瘫倒在地,泪水不由自主地涌出来。

"为了这次运动会,我准备了很长时间,闲暇时间基本都在操场上进行跳绳训练,怎么就没能得冠军呢?"曼曼委屈地说。

"哎呀,输赢有那么重要吗?重在参与,开心就好嘛!"夏夏想要开导一下曼曼。

"关键是我没得冠军,一点儿都不开心!要是你准备了很久,结果不尽如人意,你会开心吗?"曼曼的话让夏夏哑口无言。

"哼,想要安慰你,你还不领情,你就在这儿好好哭吧!"夏夏说完,转身就走。

看着夏夏离开,曼曼也觉得自己刚才的话说得不妥,但是输掉比赛确实让她高兴不起来。

"尽力就好,无愧于心。"冬冬撂下一句话后就去追夏夏了。

夏夏和冬冬走后,曼曼又大哭了一场。

魁小星知道曼曼的情况后,决定将第二天苏格拉底老师的哲学课延后,先让老子先生上一堂关于"输和赢"的哲学课。

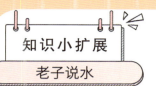

每个人身上都有太阳

今天,学校举办的人生哲学情景剧表演活动将在多功能报告厅举行。大厅内坐满了师生,舞台后方的等候室内,小白和冬冬正在背诵此次活动的主持稿。

"冬冬,你的主持稿背得怎么样了?"小白轻声问。

"还不是很熟,"冬冬抿了抿嘴,反问小白,"你呢?"

"我上小学的时候就有主持经验了,所以这对我来说,小菜一碟!"

冬冬不再接话,心想:"小白真的好厉害啊!我可不能拖后腿。"于是,他赶紧背过身,继续小声地背着主持稿。

随着开场音乐响起,小白和冬冬盛装出现在舞台之上。小白自信熟练地说着自己的主持词,而身旁的冬冬则一脸紧张地等待着。

果然怕什么来什么,小白的主持词刚说完,冬冬就愣住了,此时的他大脑像死机了一般,竟然想不起来自己要说的第一句话是什么。见状,小白赶紧拉了拉冬冬的衣角,小声提醒着他:"冬冬该你了!"

冬冬被小白拉回现实:"我知道,可我好像忘词了……"

最后,在小白的提醒下,冬冬把自己的开场白顺利说完。两人在观众的掌声中,回到等候室。

"都怪我,差点儿就把活动搞砸了。幸亏你的提醒,不然我真不知该如何挽救。"冬冬一脸歉疚地说。

"哎呀,不要自责。主持人忘词也算正常,况且又没影响到活动不是吗?"小白安慰着冬冬。

"你在舞台上表现得那么自信大方,而我一看见大厅里有那么多观众,就紧张到大脑一片空白,我真的很不适合做主持人。"冬冬说着低下了眼眸。

小白笑了笑说:"每个人都有短板,你羡慕我主持得好,我还羡慕你学习很棒呢!别想那么多,你就当台下的观众不存在,上台前深呼吸,就会好的。"

最后,冬冬在小白的鼓励和指导下,顺利完成了整场的主持活动。

虽然活动圆满结束,但是冬冬心里却很不是滋味儿。这时,魁小星突然出现了,它拍了拍冬冬的肩膀,神秘兮兮地告诉他:"明天带你上一节苏格拉底老师的课哟!"

冬冬满脸疑惑,不知道为什么魁小星会突然出现,又对自己说这样的话,不过,他还是很期待明天魁小星安排的课程。

知识小拓展
每个人身上都有闪光点

> 天生我材必有用。

李白
字太白,唐代浪漫主义诗人,被誉为"诗仙"。

> 世界上没有两片完全相同的树叶。

莱布尼茨
德国哲学家、数学家,被誉为17世纪的亚里士多德。

> 每个人身上都有太阳,只是要让它发光。

苏格拉底
西方哲学的奠基者、古希腊三贤之一。

风筝的自由

这个周末,魁小星带着大家去野外放风筝。同学们玩得十分开心,纷纷炫耀起了自己的风筝。

"比起你们买的风筝,我自己做的风筝不仅酷而且结实。"夏夏举着自己做的飞机风筝,骄傲地对大家说。

"我的蝴蝶风筝就很漂亮,不比你的风筝差。"曼曼看他那副得意扬扬的模样,不甘示弱地说道。

"光漂亮有啥用,说不定飞得还没有电线杆高呢。"夏夏撇撇嘴,反驳道。

"不如我们比一比,看看谁的风筝飞得最高,怎么样?"为了缓和气氛,小白提出了建议。

"就这么办!谁的风筝飞得最低,谁就请大家吃冰激凌!"冬冬一听也来了精神。

于是,四个小伙伴开始牵着风筝线奔跑起来,夏夏在风筝放飞之后就不停地放线,不一会儿,他的风筝就超越了大家。

"哈哈,我是第一名啦!"夏夏开心地喊着。

"夏夏,你的风筝都快看不见了,现在该收线了。"曼曼好心地提醒道。

"不,才不要!我要在高度上超过天上所有的风筝!"此时的夏夏不免有些膨胀。

"不要逞强啦,反正你已经赢到冰激凌了。"冬冬也劝说起夏夏来,谁知夏夏根本不听。

"这是我的自由,我想把风筝放多高就放多高!"

"夏夏,你的风筝线只是普通的棉线,飞得太高的话,很有可能会因为承受不住强大的张力断掉的!"

小白的话刚一说完,夏夏的风筝线果然"啪"的一声断了。

夏夏顿时一声惊呼,随后手足无措地大喊起来:"啊啊啊啊!我的风筝啊!我的风筝!"

只见他的风筝越飞越远,不一会儿就消失在大伙儿的视线之外。

看着夏夏难过失落的样子,小伙伴们都开始安慰起他来,魁小星走了过来,笑道:"哈哈,夏夏,为了追求你所谓的高度付出代价了吧?"

"魁小星,你是在取笑我吗?"夏夏不高兴地说。

"别误会,我只是想让哲学大师卢梭给你们上一堂哲学课,快跟我来吧。"

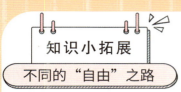
知识小拓展

不同的"自由"之路

十字路口,人、车遵守交通规则,通行有序。礼让行人,搀扶老、弱者过马路,一片和谐。

十字路口,无信号灯,无斑马线,人、车横冲直撞,混乱不堪,危险即将发生。

你会选择哪条"自由"之路通行呢?

小小"超人"养成记

今天一早,夏夏就成了四个小伙伴中的焦点,因为他穿了一件十分拉风的蓝色紧身衬衣,胸口还有一个十分显眼的字母"S"的标志。

"是Super Man的超人服哎!真酷!"冬冬两眼放光地说。

"嘿嘿,还是你识货。"夏夏一副得意扬扬的模样。

"夏夏,你为什么要穿超人的衣服啊?"曼曼好奇地问。

"因为前两天我看了一部讲述超人的电影,超人太酷了,我也想变得和他一样。"夏夏说道。

"夏夏,超人有什么地方让你喜欢啊?"曼曼接着问。

"在电影里,超人力大无穷、刀剑不入、惩恶扬善、聪明睿智,还会飞,简直是一个完美的英雄!"

"没错,我敢说男生没有一个不喜欢超人的。"冬冬附和道。

"英雄所见略同!"夏夏和冬冬碰了一下拳。

"可是夏夏,你刚才说的超人的那些优点,普通人好像很难做到哎。"小白的话像是给夏夏泼了一盆冷水。

"钢铁侠也是普通人,他便能做到。"冬冬反驳起小白来。

"电影毕竟只是电影,要和现实区分开。"小白理性地回答道。

"照你的意思,现实中并没有像超人或钢铁侠那样完美的英雄喽?那我的愿望岂不是落空了？"夏夏有些失望地说。

"我也不清楚，要不，我们来问问万能的魁小星吧。"

小白刚一说完，魁小星便立刻出现了。

"同学们，刚才你们的对话我都听见了，至于你们的疑问就让哲学大师伏尔泰来一一解答吧！"

知识小拓展

大师看"完美"

> 我能坚持我的不完美,它是我生命的本质。

阿纳托尔·法朗士
法国作家、文学评论家、社会活动家。

> 既然太阳上也有黑点,"人世间的事情"就更不可能没有缺陷。

车尔尼雪夫斯基
俄国唯物主义哲学家、文学评论家、作家,革命民主主义者。

> 不要因为不完美而恨自己,世界上根本就不存在任何完美的事物,美都是有缺憾的。

黑格尔
德国著名哲学家、唯心主义代表,代表作品《逻辑学》。

北风与太阳

今天,夏夏、冬冬、曼曼和小白放学时结伴而行,在路过一片绿化带时,一阵"喵喵"声从灌木中传来,四人停下了脚步,只见一只流浪猫边舔爪子,边用可怜巴巴的眼神望着他们。

"这只流浪猫的腿好像受伤了。"曼曼首先发现了问题所在。

"我猜它是打架打输了吧?我们可不会帮你出头哦!"冬冬笑着对猫咪说。

"冬冬,这只小猫这么可怜,你还有心情开它的玩笑。"曼曼埋怨道。

"还好我的书包里有红药水,这能让它的伤口不会发炎。"小白边说边打开书包取出药瓶。

"可是该怎么给它上药呢?猫太敏捷了,很难捉的。"曼曼犯起了愁。

"看我的!"夏夏自告奋勇地放下书包去捉它,可小猫根本不听话,直到夏夏累得气喘吁吁也没有捉到。

"算了,根本抓不住。"灰心的夏夏拿起书包正要回家,此时,小白开口了。

"我想到一个好办法,能让它乖乖听话。"

"什么办法?"大家一起问道。

"曼曼,快把你的零食拿出来。"

"对啊,我怎么没想到!"曼曼立刻从书包中拿出几袋小鱼干来。

在零食的引诱下,流浪猫慢慢地靠了过来,小心翼翼地吃起小鱼干,正当夏夏蹑手蹑脚地准备再次捉它时,却被小白制止了:"它现在还没有信任我们,如果贸然捉它,很可能会被抓伤。"

"那该怎么办?"夏夏焦急地问。

"不如这样,我们每天都带食物喂它,直到它愿意让我们触摸,那时就可以给它上药了!"

"是个好办法,就这么办!"小伙伴们高兴地说。

随后的几天,流浪猫都会吃着四个小伙伴们带给它的食物,它渐渐放松了警惕,曼曼把它抱在怀中也不会挣扎了。在小白的照料下,流浪猫的伤口避免了被感染的风险。

"阿弥陀佛,救猫一命胜造七级浮屠。"正当夏夏打趣时,魁小星出现了。

"同学们做得非常棒,你们让我想到了北风与太阳的寓言故事。"

"这是个什么样的故事啊?"小伙伴们齐声问道。

"跟我来,让哲学大师伊索来告诉你们吧!"

知识小拓展
诸葛亮七擒孟获

我是诸葛亮，为了解决伐魏的后顾之忧，我决定先要平定南方的骚乱。

南蛮地区的首领叫孟获，每一次打败他，将他俘虏，他都很不服气。

于是我将他放了，让其与我再战，一连抓了他六次。魏延问我，为何如此大费周折，斩了他岂不是更省事？我只是笑着摇了摇头。

直到第七次也是最后一次打败孟获，他才心悦诚服地归降于我。我笑着对魏延说："斩了一个孟获，还会有千万个孟获，只有彻底收服人心，边疆才能长治久安。"

我不要当小奴隶

"曼曼,放学后能替我值日吗?"同学珍珍向曼曼请求道。

"可是……"看着珍珍期待的目光,曼曼犹豫了一下后还是答应了,"好吧。"

由于曼曼是班级里的大好人,所以一些同学总喜欢找她帮忙,而她经常来者不拒。随着同学们对她提出的请求越来越离谱,曼曼的情绪也越来越差。直到有一天,好友小白发现了她的艰难处境。

"曼曼,你怎么还不回家?"小白边收拾书包边问道。

"我还要帮珍珍打扫卫生。"曼曼回答道。

这时,小白突然发现曼曼的脸色有些不对,她摸了摸曼曼的额头,果然很热。

"你好像发烧了,别打扫了,我陪你去看医生。"说着,小白拉着曼曼离开了教室。

第二天放学,珍珍拦住了曼曼。

"曼曼,昨天你说好的帮我打扫卫生,结果没有把垃圾倒掉就走了,害得班级被扣分,我也被老师批评,你说该怎么办?"珍珍理直气壮地问道。

"我……"曼曼想解释,但又说不出话,好在此时小白出马了。

"自己的事就应该自己做,凭什么要去麻烦别人?"

自知理亏的珍珍听见后"哼"了一声,头也不回地走了。

"曼曼,如果你下次再遇到自己不想帮的忙,一定要坚决地拒绝,记住了吗?"

小白语重心长地说。

曼曼点了点头。

正在这时，夏夏和冬冬出现了。

夏夏兴奋地问曼曼："曼曼，借我五元钱好吗？我和冬冬要去买奥特曼卡片，我今天忘带钱了！"

听到这里，曼曼似乎有点儿不知所措。今晚，她的表妹要来她家做客，她的零花钱是准备留下来晚上给表妹买礼物的，如果借给了夏夏，她就没法给表妹买礼物了。

她看了看小白，发现小白正意味深长地看着自己，她知道自己该怎么做，但在看到夏夏歪着头瞅她的神情后，她还是掏出了钱，准备递给他。

小白叹了口气，上前拉住了曼曼："不借！"

夏夏一脸疑惑，还没弄明白怎么回事，魁小星就出现了："同学们，最近发生的事情我都了解了，我觉得很有必要请一位老师来为大家上一堂课。"

说完，它便开始召唤起来。不一会儿，烟雾缭绕中，一位身着古希腊服饰的男子徐徐走来。

知识小拓展
关羽封金挂印

我是关羽,在被曹操打败后,我与主公刘备失散,只能带着主公的家眷向曹操投降。

我与曹操约法三章,在知道刘备的下落后一定要去找他,曹操为了让我真心归顺,用权力和金钱收买我,但我不为所动。

在得知刘备在袁绍处后,我封金挂印,拒绝了曹操的一再挽留,千里走单骑去寻找主公。

我拒绝了曹操的高官厚禄这件事保全了我的名誉,也成就了历史上的一段佳话。想成就大事,先要遵从自己的内心,学会拒绝。

点亮幸福的小神灯

今天是本学期哲学课的最后一节,小伙伴们这会儿正聚在一起,讨论作业"寻找幸福"。夏夏昂着头,张开双手夸张地呼唤道:"幸福啊,你在哪里啊?"

"你应当先搞明白幸福是什么。"冬冬拍了拍夏夏的肩膀,打断了他的自我陶醉。

"不知道呀,冬冬,你有什么见解吗?"趴在桌上愁眉不展的小白说道。

"我查了一些资料,"冬冬打开自己的笔记本,向三个小伙伴解释道,"幸福是一种能够长期存在的平和、舒畅的精神富足状态。"

"那你有幸福过吗?"曼曼问道。

"嗯……每次考年级第一时……"

"哼,不可以凡尔赛!"夏夏翻了个白眼打断冬冬的话。

"那就是说,幸福是在考试成绩第一这个事件里吗?"曼曼疑惑地说。

"哈哈,我爸爸每次给我买玩具的时候,我也能感觉到精神富足。"夏夏笑着说。

"幸福在玩具里?"曼曼问,"难道我的幸福在穿不完的新衣服里吗?"

"你们说得都没错,但我还是感觉哪里有问题。"冬冬沉思道。

"当然有问题呀!"夏夏摊手追问道,"幸福在那么多东西里,每个人的幸福都在不同的地方,那我们的作业要怎么写呢?"

众人一脸尴尬，纷纷白了他一眼。什么都能扯作业上，分明就是不想写作业。

"嘿，同学们讨论得很不错呀！"夏夏话音刚落，魁小星就出现了，"幸福到底在哪里？你们的精彩讨论让我忍不住想要给你们推荐一个研究幸福的著名哲学家——康德先生。他可以带你们一起'寻找幸福'，这也是最后一节哲学课了，大家要好好学习哟！"

说完，魁小星挥动手里的棒子，波光照耀处缓缓出现一个新的空间，在18世纪德国著名大学哈勒大学的一间教室中，身穿棕褐色绅士华服的康德正在黑板上写板书。

知识小拓展
名人说幸福

造福于人，无疑是千真万确的幸福。

意志力是幸福的源泉，幸福来自自我约束。

阿米埃尔
19世纪瑞士哲学家。

乔治·桑塔耶那
美国哲学家、文学家。

爱和善就是真实和幸福，而且是世界上真实存在和唯一可能的幸福。

列夫·托尔斯泰
俄国作家、哲学家。

小朋友们，听了这些名人的幸福观点，你们能告诉魁小星，你们认为幸福是什么，我们应该怎样获得幸福吗？